Schwein Horoskop 2024

Angeline A. Rubi y Alina A. Rubi

Einleitung

Der chinesische Kalender ist uralt und komplex und wurde nie vereinfacht. Viele Kulturen ersetzten den Mondkalender durch den Kalender der Sonne.

Der chinesische, islamische und hebräische Kalender richten sich nach den Mondphasen. Es ist ein kompliziertes System, da sie nicht nur von den Mondzyklen bestimmt werden, sondern auch den Sonnenzyklus, den von Jupiter und Saturn, einschließen.

Die Chinesen betrachten die universelle Energie als vom Gleichgewicht regiert. Das Konzept von Yin und Yang ist das wichtigste innerhalb dieses Gleichgewichts. Yin ist das Gegenteil von Yang und umgekehrt, aber zusammen erreichen sie das volle Gleichgewicht. Diese Energie ist in allem zu finden, was existiert, im Materiellen und im Immateriellen.

Das Ying/Yang-Symbol ist in zwei Hälften unterteilt, eine ist schwarz (Yin) und die andere weiß (Yang). Beide Teile sind in der Mitte durch eine Ellipse verbunden, die sie zu einer Kurve verbindet. Seine Farben, Schwarz und Weiß, bedeuten, dass Dualität existiert und dass das andere unbestreitbar existieren muss, damit das eine bestehen kann. Innerhalb des Yin gibt es einen Yang-Kreis, der symbolisiert, dass Dunkelheit immer Licht braucht. Innerhalb des Yang finden wir einen Yin-Kreis, der darauf hinweist, dass wir im Licht immer Dunkelheit finden werden.

Die Ellipse, die sie miteinander verbindet, bedeutet, dass alles fließt, sich transformiert und entwickelt. Wenn es ein Ungleichgewicht zwischen einer dieser beiden Energien, Yin oder Yang, gibt, ist unser Leben nicht ausgeglichen, da sie zusammen gestärkt werden. Wir sollten niemals denken, dass eine Energie der anderen überlegen ist, beide müssen gleichermaßen übereinstimmen.

Leider gibt es in unserer Gesellschaft eine Tendenz, die Yang-Energie zu bevorzugen, weil man denkt, dass ihre Eigenschaften die wichtigsten sind.

Indem wir dies tun, schaffen wir eine Trennung zwischen der spirituellen und der materiellen Ebene, denn indem wir den Wert der Yin-Energie reduzieren, sind wir weniger reflektiert und denken, dass Empfänglichkeit etwas Negatives ist, da sie Zerbrechlichkeit impliziert.

Das Gleiche passiert mit der Dunkelheit, wir vermeiden sie nicht nur, sondern wir fürchten uns vor ihr. Beide Energien sind wichtig. Wir können nur dann spirituelle Wesen sein, wenn es ein Gleichgewicht zwischen Yin und Yang gibt, denn du bist nicht nur Licht, sondern auch Dunkelheit. Es ist ein Fehler, die Starken oder die Handelnden zu schätzen und zu privilegieren. Wir müssen das Weibliche und die Sensibilität schätzen und wertschätzen, denn nur so können wir das wahre Gleichgewicht unseres Wesens erreichen, aus einer Position der Liebe und Festigkeit heraus.

In den Zeichen des chinesischen Tierkreises sind die Yin- und Yang-Energie vorhanden, und sie sind es, die die Eigenschaften jedes Tieres und die mit ihnen verbundenen Elemente bestimmen.

Yin-Energie ist mit dem Dunklen, Kalten, Weiblichen, Abstrakten, Tiefen und dem Mond verbunden. Yin-Zeichen sind nachdenklich, sensibel und neugierig. Sie sind der Ochse, der Hase, die Schlange, die Ziege, der Hahn und das Schwein.

Die Yang-Energie ist mit Licht, Wärme, Oberflächlichkeit, der Sonne und logischem Denken verbunden. Sie sind impulsive und materialistische Zeichen. Sie sind die Ratte, der Tiger, der Drache, das Pferd, der Affe und der Hund.

Die Yin- und Yang-Energien sind mit den Elementen verbunden, die sich wiederum aus den

Jahren ableiten, in denen sie auftreten. Jedes Element besitzt Yin- und Yang-Energie.

Die Jahre, die mit der Zahl **0 enden,** ihr Element ist Metall und sind mit der Yang-Energie verbunden.

Die Jahre, die mit der Zahl 1 enden, sein Element ist Metall und sind mit der Yin-Energie verbunden.

Die Jahre, die auf Nummer **2 enden,** sind Wasser und stehen im Zusammenhang mit der Yang-Energie.

Die Jahre, die auf Nummer **3 enden,** sind Wasser und stehen im Zusammenhang mit der Yin-Energie.

Die Jahre, die mit der Zahl **4 enden,** sind Holz und stehen im Zusammenhang mit der Yang-Energie.

Die Jahre, die mit der Zahl **5** enden, dein Element ist Holz und stehen im Zusammenhang mit der Yin-Energie.
Die Jahre, die mit der Zahl **6 enden,** sind Feuer und stehen im Zusammenhang mit der Yang-Energie.

Die Jahre, die mit der Zahl **7 enden,** sind das Element Feuer und stehen im Zusammenhang mit der Yin-Energie.

Die Jahre, die mit der Zahl 8 enden, dein Element ist die Erde. und stehen im Zusammenhang mit der Yang-Energie.

Jahre, die mit der Zahl **9 enden,** sind Erdelement und stehen im Zusammenhang mit der Yin-Energie.

Allgemeine Vorhersagen für das Jahr des Drachen

Am 10. Februar 2024 beginnt das sensationelle Jahr des grünen Holzdrachen, und laut chinesischer Astrologie symbolisiert Grün Leben, Veränderung und Wachstum.

Der zugehörige Planet ist Jupiter, ein Planet, der sehr förderlich ist; wir werden die gesäten Früchte im Jahr 2023 ernten.

Das Jahr des Drachen 2024 wird uns Glück, Wohlstand, Wohlbefinden und Fortschritt bringen. Wir werden viele Möglichkeiten für Wachstum und Transformation haben, aber auch Herausforderungen und Komplikationen, die die Notwendigkeit von Vergebung, Einfühlungsvermögen und friedlichen Entscheidungen betonen.

In den Jahren, in denen das Element Holz ist, belohnt das Leben Menschen, die gesellig und professionell sind. Die Erlangung eines Abschlusses oder Reisen sind einige der Möglichkeiten in diesem Jahr.

Wir werden die Gelegenheit haben, unsere Führungsqualitäten zu entwickeln, es ist ein Jahr des Aufbruchs und der Schaffung von Strukturen, die langfristig Bestand haben.

Dieses Jahr des Drachen ist günstig für Veränderungen und Wachstum, da die Energie des hölzernen Drachens die Fähigkeit besitzt, neue Ideen zu inspirieren und unsere Fantasie zu beflügeln.

Wir werden einige Etappen erleben, die voller Schwierigkeiten sein werden, aber das sind die Momente, in denen wir die Energie des Drachens nutzen müssen, um erfolgreich zu sein und die Herausforderungen zu überwinden.

Vergessen Sie im Laufe des Jahres nicht, dass der Drache den Wandel und die Anpassungsfähigkeit verkörpert, Eigenschaften, die uns helfen werden, zu wachsen und uns zu erneuern.

Das Jahr 2024 wird ein ereignisreiches Jahr mit vielen Entwicklungsmöglichkeiten sein. Wir werden viele politische, wirtschaftliche, Beziehungs- und Umweltkonflikte erleben, die deutlich machen, dass friedliche Lösungen die Antwort auf jedes Problem sind.

Dieses Jahr wird uns anregen, neue Geschäfte zu machen und uns in der unternehmerischen Welt weiterzuentwickeln, denn die Energie des Drachen und seine Eigenschaften, mutig und ehrgeizig zu sein, werden uns inspirieren.

Wir werden viele Anpassungsfähigkeiten entwickeln, und Geduld und Ausdauer werden es uns ermöglichen, alle Widrigkeiten zu überwinden und zum Erfolg zu gelangen.

Dies ist auch ein günstiges Jahr, um an unserem geistigen Wachstum zu arbeiten; es ist sehr wichtig, dass wir uns auf unsere Ziele konzentrieren.

Zusammenfassend lässt sich sagen, dass es ein Jahr mit positiven Veränderungen und bedeutenden Fortschritten in unserem Leben sein wird, in dem wir die Möglichkeit haben werden, Liebe zu finden, eine Beziehung zu stärken und wirtschaftlichen und geistigen Wohlstand zu haben.

Ursprung des chinesischen Horoskops

Das chinesische Horoskop hat eine mehr als 5000
Jahre alte Tradition und basiert auf dem
Mondjahr.

Der Legende nach rief Buddha alle Tiere,
doch nur zwölf folgten seiner Aufforderung in
folgender Reihenfolge: die Ratte, der Ochse, der
Tiger, das Kaninchen, der Drache, die Schlange,
das Pferd, die Ziege, der Affe, der Hahn, der
Hund und das Schwein.

Jedes Tier erhielt ein Jahr geschenkt und
bildet den Zwölfjahreszyklus, der in der
chinesischen Astrologie verwendet wird. Daher

hat jedes Zeichen den Namen eines Tieres, und jedem Tier entspricht ein Jahr.

Jedem Tier wurde außerdem eines der fünf Elemente zugeordnet, die den planetarischen Energien entsprechen:

- Wasser (Planet Merkur)
- Metall (Planet Venus)
- Feuer (Planet Mars)
- Holz (Planet Jupiter)
- Erde (Planet Saturn)

Das chinesische Horoskop drückt die Analogie der kosmischen Energien mit jedem Individuum aus. Aus diesem Grund wird die Energie jeder Person durch eines der zwölf Tiere repräsentiert, die dieses Tierkreiszeichen-System bilden.

Jedes Tier und die Energie, die Ihnen entspricht, werden durch Ihr Geburtsdatum bestimmt. Diese Energien bestimmen dein Verhalten und wie du die Welt wahrnimmst. Für die Chinesen symbolisieren diese Zeichen die bemerkenswertesten Eigenheiten unseres Charakters. Um die Bedeutung der Tiere richtig zu verstehen, müssen wir sie als spirituelle Symbole sehen.

Das chinesische Horoskop basiert nicht auf dem Sonnenzyklus, auf dem das westliche Horoskop basiert. Es basiert auf den Zyklen des Mondes. Jedes Mondjahr hat zwölf neue Monde und alle zwölf Jahre einen dreizehnten, daher fällt ein neues Jahr nie mit dem Datum des Vorjahres zusammen.

Die zwölf Tiere des chinesischen Horoskops beeinflussen das Leben, das Glück und den Willen eines jeden Menschen. Diese Qualitäten zeigen sich nicht offen im täglichen Leben, aber sie sind immer präsent und wirken in Form von verborgenen Kräften.

Die chinesische Zwölfjahresperiode ist mit dem Transit des Planeten Jupiter verbunden, und jedes chinesische Mondjahr entspricht in der westlichen Astrologie fast der Dauer des Transits von Jupiter durch ein Tierkreiszeichen. Jupiter befindet sich in der westlichen Astrologie immer in dem Zeichen, das traditionell dem Tier im chinesischen Horoskop entspricht.

Ihr Aszendent nach dem chinesischen Horoskop.

Zusammen mit Ihrem chinesischen Horoskop Zeichen haben Sie auch einen Aszendenten, der durch Ihre Geburtszeit bestimmt wird. Dieses Tier hat einen starken Einfluss auf das Bild, das Sie auf andere projizieren, und auf die Ereignisse in Ihrem Leben. Sie sollten auch das Horoskop für das Tier lesen, das Ihren Aszendenten repräsentiert.

Dieses Zeichen des Aszendenten symbolisiert die Energie, die Sie entwickeln können, und die Eigenschaften, die Sie sich mit Mühe aneignen können. Das ist der Grund, warum wir manchmal andere Eigenschaften haben als die, die mit unserem Zeichen verbunden sind.

Im chinesischen Horoskop ist es sehr einfach, Ihren Aszendenten zu bestimmen, die einzige Angabe, die Sie benötigen, ist Ihre Geburtszeit.

Geburtszeitpunkt Tier-Aszendent

23.00 Uhr bis 12.59 Uhr Rat

1.00 Uhr bis 2.59 Uhr   Ochse

3.00 Uhr bis 4.59 Uhr Tiger

5.00 Uhr bis 6.59 Uhr Kaninchen

7.00 Uhr bis 8.59 Uhr Drache

9.00 Uhr bis 10.59 Uhr Schlange

11:00 Uhr bis 12:59 Uhr Pferd

13.00 Uhr bis 14.59 Uhr Ziege

15.00 Uhr bis 16.59 Uhr Affe

17.00 Uhr bis 18.59 Uhr Hahn

19.00 Uhr bis 20.59 Uhr Hund

21.00 Uhr bis 22. 59 p.m. Schwein

Chinesisches Element des Jahres 2024, Holz

Das Element des Jahres 2024 ist Holz. Holz ist ein kreatives Element. Wenn dieses Element aufgrund deines Geburtsjahres auf dich zutrifft, solltest du diese Energien kreativ kanalisieren.

Holz symbolisiert Mitgefühl und Toleranz. Wenn Sie sich diese Energien zunutze machen wollen, ist es wichtig, sich das ganze Jahr über mit natürlichen Pflanzen, Blumen und grünen Gegenständen zu umgeben.

Holz ist ein Element, das mit der Fähigkeit zu projizieren und Entscheidungen zu treffen zusammenhängt, daher wird das Jahr 2024 ein Jahr der Entwicklung, der Evolution und des Aufblühens sein.

Dieses Element hat mit Verdauung, Atmung, Herz und Stoffwechsel zu tun und sorgt in der traditionellen chinesischen Medizin für einen kontinuierlichen Energiefluss. In Bezug auf die Gefühle bedeutet dies, dass wir unsere Emotionen richtig ausdrücken.

Holz wird uns im Jahr 2024 helfen, Bewusstsein und Verständnis für die objektive Realität zu gewinnen. Es wird uns Festigkeit und Einfühlungsvermögen in unseren Beziehungen bringen.

Holz, das mit unserer Persönlichkeit zusammenhängt, wird uns die richtige Dosis an Enthusiasmus, Entschlossenheit und Dynamik bringen, damit wir in der Lage sind, zu handeln und alle Herausforderungen dieses Jahres zu meistern.

Holz ist das Element, das wir in diesem Jahr brauchen, um die notwendigen Entscheidungen treffen zu können, für Veränderungen, die wesentlich sind.

Dank dieses Elements werden wir über die richtigen Strategien und die Fähigkeit verfügen, alle Prozesse zu organisieren und zu kontrollieren, aber wir werden auch flexibel bleiben.

Obwohl dies das Element des Jahres 2024 ist, müssen Sie, wenn Sie ein Unternehmen haben und wollen, dass es floriert und wirtschaftlichen Reichtum hat, die anderen Elemente berücksichtigen.

Im Geschäftsleben ist **das Element Wasser** das wichtigste Element, denn es steht für Überfluss, Reichtum, Macht und die Fähigkeit, Geld zu verwalten, anzuhäufen und zu sparen.

Wasser darf nicht stagnieren. Es sollte nicht in einer Vase stehen, wenn das Wasser nicht jeden Tag gewechselt wird, denn wenn es stagniert, wird der Gewinn geschmälert und die Kunden vergrault.

Wasser muss fließen, damit Geld fließen kann. Wenn Sie ein Schwimmbad haben, muss es gereinigt werden, und wenn Sie einen Springbrunnen haben, muss er den Kreislauf von Ein- und Austritt des Wassers erfüllen. In einem Fischbecken muss es sich bewegen und mit Sauerstoff angereichert werden. In den Leitungen muss es fließen, mindestens einmal am Tag muss man es fließen lassen, indem man den Absperrhahn öffnet.

Jedes Unternehmen muss das Element Wasser in Bewegung halten, sonst kann es keine Waren anhäufen oder sich weiterentwickeln.

Selbst wenn es sich nur um ein kleines Verseau oder einen Behälter handelt, bei dem das Wasser täglich gewechselt wird.

Das Wasser sollte sich am Eingang des Unternehmens oder im nördlichen oder nordwestlichen Bereich des Unternehmens befinden, wo das Geld aufbewahrt wird oder wo die Verwaltung des Unternehmens stattfindet.

Das Element Feuer sollte in einem Unternehmen im Süden des Gebäudes platziert werden.

Sie kann am Eingang, am Ende oder an den Seiten des Gebäudes angebracht sein. Wenn es sich aber um ein Lebensmittelgeschäft handelt, kann es überall sein.

Feuer symbolisiert Beliebtheit und die Art von Überfluss, die sich nicht anhäuft, daher muss Wasser auf der gegenüberliegenden Seite des Feuers verwendet werden, denn Feuer zieht Kunden an, und Wasser hält den wirtschaftlichen Fluss aufrecht.

Das Element **Erde** ist ursprünglich, denn es ist die Basis, aus der sich alles speist.

Zwei verzierte Gefäße mit Trockenblumen oder ein Steinsockel können das Element Erde symbolisieren.

Die Erde muss in der Konstruktion vorhanden sein, aber auch in der Mitte des Raumes, oder im

Südosten gelegen, weil es ist, wo es sich am besten zum Ausdruck bringt. Erde gibt Sicherheit, muss aber von Feuer im Süden und Wasser im Norden begleitet werden.

Die Erde ist stabil, formbar und das Spiegelbild des gesamten Planeten.

Wenn Sie ein Unternehmen gründen wollen, um zu überleben, genügt es, sich um das Element Erde zu kümmern.

Das Element Metall ist sehr dynamisch und aktiv und bietet vielfältige Möglichkeiten im Geschäftsleben. In der Vergangenheit wurde Metall in China als Gold angesehen.

Das Element Metall steht für Stärke und Macht, Kontinuität, Sicherheit und Reichtum,

Seine Position ist der Westen, und vergessen Sie nicht, dass Metall zusammen mit dem Kristall jede Einstiegs- und Ausstiegsposition eines Unternehmens stärkt.

Das Holzelement ist trotz seiner Zerbrechlichkeit die Grundlage der Konstruktion.

Holz sollte im Osten des Geschäfts platziert werden, aber es ist ratsam, es diametral zum Metall zu platzieren.

Metall im Westen, Holz im Osten, Feuer im Süden, Wasser im Norden und Erde in der Mitte, so dass Ihr Unternehmen immer erfolgreich sein wird.

Die Bedeutung der Elemente im chinesischen Horoskop

Element Metall

Menschen, die in den Jahren geboren sind, die im chinesischen Horoskop auf 0 oder 1 enden, werden dem Metallelement zugeordnet. Metall, das Material, aus dem Schilde und Schwerter hergestellt werden, ist das Element, das Festigkeit und Ehrlichkeit, aber auch Strenge symbolisiert.

Metall ist das Element des Herbstes, der Jahreszeit der Ernte und des Überflusses. Es ist dual wie die Funktionen seines Elements, denn in

Form eines Schwertes verflüssigt es, und als Löffel nährt es. Metall kommt aus der Erde, wird von Feuer beherrscht und verklärt Holz.

Die Persönlichkeit dieser Personen, die dem Metallelement angehören, neigt dazu, stark ambivalent zu sein. Sie kommen am besten zurecht, wenn sie allein sind, denn sie sind niemandem Rechenschaft schuldig.

Sie sind entschlossen, gestalten ihr Schicksal selbst, sind stur, professionell und gleichgültig gegenüber jedem Versuch eines Kompromisses. Ihre Freiheit ist das Wichtigste, und es ist sinnlos, sie unter Druck zu setzen, geschweige denn ihnen zu helfen, denn sie hören auf niemanden und akzeptieren keine Einmischungen und Behinderungen.

 Sie verlassen sich nur auf sich selbst und lassen sich von niemandem beeindrucken, denn sie sind mächtig und fähig, große Taten zu vollbringen.

Für sie gibt es keine Schwierigkeiten, die sie aufhalten können, und selbst wenn eine Situation unhaltbar wird, leisten sie bis zum Ende

Widerstand. Sie sind ehrgeizig und berechnend, sie lieben Geld, Macht und Erfolg und werden keine Mittel scheuen, um ihre Ziele zu erreichen, auch wenn das bedeutet, dass sie Beziehungen zerstören.

Sie eignen sich für Berufe, in denen sie ihr Element zum Ausdruck bringen können: Juweliere, Finanziers, Versicherungen jeglicher Art, Schlosser, Bergleute, Chirurgen und für alle Bereiche, in denen sie sich von anderen unterscheiden können. Sie können auch in Berufen erfolgreich sein, die mit Holz oder Papier zu tun haben.

Diejenigen, die mit Wasser zu tun haben, werden für sie von Vorteil sein, diejenigen, die mit Erde zu tun haben, können zu Konflikten führen, und von denen, die mit dem Element Feuer zu tun haben, sollten sie sich fernhalten.

Sie sind nicht an Gefühlen interessiert und lassen sich von den Schwierigkeiten anderer nicht beeindrucken, bis hin zur Manipulation, wenn sie sich einen Vorteil verschaffen können. Die

Leidtragenden sind vor allem die Menschen des Holzelements, da es sie mit frontalen Aggressionen manipuliert und unterdrückt. Die Menschen des Wasserelements hingegen erhalten, da sie empfänglich sind, einen wirksamen Anstoß, von dem sie enorm profitieren.

Die einzigen, die sie wirklich beugen können, sind Personen, die dem Feuerelement angehören, denn sie beherrschen ihre Unempfindlichkeit und Strenge mit einer ansteckenden Emotion.

Körperlich erkennt man einen Menschen des Metallelements an seinem traurigen Blick und der blutarmen Gesichtsfarbe. Sie sind zerbrechlich, anfällig für Stress und können durch Temperaturschwankungen und schlechte Ernährung beeinträchtigt werden. Deshalb sollten sie ihren Appetit anregen, wobei würzige Speisen im Vordergrund stehen sollten.

Die günstigste Jahreszeit für sie ist der Herbst, und während dieser Zeit können sie ihre Fähigkeiten maximal entwickeln, was aber nicht bedeutet, dass sie es übertreiben oder stur sein sollten. Er sollte weiße Kleidung tragen und Metalle und weißen Quarz als Amulette verwenden.

Metall ist starr und unnachgiebig und hat keine Angst vor Gefahren. Es ist eine unabhängige Art von Person, die, getrieben von Gier, geht mit Ausdauer, konzentriert sich auf den Erfolg, plant im Voraus, und verabscheut die spontane.

Wenn es einmal einen Weg eingeschlagen hat, ändert es ihn nicht mehr.

Trotz ihrer äußeren Unempfindlichkeit strahlen Menschen dieses Elements eine Anziehungskraft aus, die von allen wahrgenommen wird, mit denen sie in Verbindung stehen. Um von ihren Fähigkeiten zu profitieren, müssen sie jedoch lernen, weniger dogmatisch zu sein, da dies ihre Beziehungen beeinträchtigt.

Menschen, die im Metallelement geboren
sind, müssen sich erziehen, damit sie ihre
Gefühle ausdrücken können. Wenn sie dies nicht
tun, werden sie das Gefühl haben, dass ihre
Energien vermindert sind.

Element Erde

Menschen, die in den Jahren geboren sind, die auf die Zahlen 8 oder 9 enden, gehören dem Erdelement an. Diesem Element entsprechen die Eigenschaften von Standhaftigkeit, Ausdauer und Fruchtbarkeit. Obwohl die Erde in der chinesischen Astrologie keine eigene Jahreszeit hat, ist sie im Kalender mit den letzten zwei oder drei Wochen der anderen Jahreszeiten verbunden.

 Erde ist das Element, das für Stabilität und Greifbarkeit steht, aber bei einem Übermaß verwandelt es die Menschen in vorsichtige, misstrauische und starrköpfige Menschen und schränkt ihre Initiativen und Fantasien ein.

Der Mensch des Erdelements ist geduldig und bescheiden, arbeitet immer mit Beständigkeit, ohne sich einen Augenblick der Freude oder Unordnung zu gönnen. Er wird nie müde und kann ebenso eifrig und materialistisch wie naiv und umsichtig sein. Sein unbestreitbarstes Merkmal ist seine ausgeprägte Entmutigung. Er ist zu ernst, liebt es zu planen und zu lenken, ist entsetzt über Zufälle, und obwohl er intelligent ist und ein außergewöhnliches Gedächtnis hat, stört es ihn, glanzvoll zu erscheinen.

Unermüdlich nachdenklich, ehrgeizig und ängstlich, ist es so ausgesetzt, die Milz aufzuladen, ein Organ, das mit diesem Element verbunden ist und das geschwächt ist, wenn die Person eine scharfe Mentalität hat.

Die Person, die zu diesem Element gehört, zementiert persönliche Beziehungen allmählich, aber für eine lange Zeit erträgt. Es ist sehr hingebungsvoll und Verteidiger in der Liebe,

immer bereit, Vertrag und erfüllen ihre
Verantwortung, und obwohl es nicht
demonstrativ in ihren Gefühlen ist eine Schulter,
die immer aufgezählt werden kann, weil es an
Ihrer Seite in den Momenten, die Sie brauchen es
sein wird.

In ihrer Arbeit sind sie ernsthaft und
zurückhaltend, aber auch organisiert und
zuverlässig. Sie sind die richtigen Leute, um
Geschäfte mit Moral, Sparsamkeit und feuerfester
Ehrlichkeit zu führen. Ihr logisches Denken
macht sie zu unschlagbaren Vermittlern bei
Problemen, die mit ihren eigenen praktischen und
günstigen Auswegen dazu beitragen. Sie eignen
sich für Berufe, die Geschicklichkeit erfordern,
aber keine Initiative erfordern, oder für
Führungssituationen.

Obwohl sie wegen ihrer Launenhaftigkeit und
Nostalgie und ihrer Unfähigkeit, fröhlich zu sein,
nicht leicht zu ertragen ist, verbindet sie sich gut
mit dem Metallelement, dem sie Stabilität
verleiht, und mit dem Wasser, das sie geschickt
zu bändigen und zu lenken weiß.

Normalerweise hat es Konflikte mit dem Holzelement, da es zwar schützt, aber manchmal auch erstickt, und mit dem Feuer, das es sowohl antreibt als auch schwächt.

Das Erdelement ist mit dem Planeten Saturn verbunden. Sie müssen sehr vorsichtig sein mit dem Verzehr von Süßigkeiten, etwas, das Sie lieben, da es mit Ihrem Element verbunden ist. Sie sollten immer die natürliche Süßigkeit wählen und die Verwendung von weißem Zucker begrenzen, da dieser das Kalzium in ihrem Knochensystem zerstört. Sein anderer Schwachpunkt ist das Verdauungssystem, das ihn in der Regel stark bestraft, deshalb sollte er eine leichte und leicht verdauliche Ernährung einhalten. Es wird empfohlen, den direkten Kontakt mit Mutter Erde zu suchen, indem sie barfuß im Sand oder auf dem Feld laufen.

Seine Glücksfarbe ist gelb, und sein Quarz ist Topas und Citrin.

Die Erde steht für Wohlstand, Vernünftigkeit, Materialismus und Sicherheit.

Diese Menschen neigen dazu, introspektiv zu sein, was ihnen eine große Fähigkeit zum Denken verleiht. Die Erde ist das Gefäß des Lebens und diese Siegel der unauslöschlichen Form zu denen unter dem Einfluss dieses Elements geboren, da sie stabile Menschen, in denen Sie delegieren können, sind.

Die Erde nährt sich vom Feuer und erzeugt eine große Energie, die Metall erhitzt und schmilzt, Wasser bändigen und von Holz verzehrt werden kann.

Um sich wohlzufühlen, braucht der Mensch des Erdelements materielle Sicherheit, obwohl er fleißig, formal und organisiert ist. Man kann ihnen vorwerfen, dass sie anmaßend sind, aber aufgrund ihrer Verdienste gehen sie langsam auf ihre Ziele zu und erzielen stabile Ergebnisse.

Element Feuer

Menschen, die in den Jahren geboren sind, die auf 6 oder 7 enden, entsprechen dem Feuerelement. Zu diesem Element gehören Leidenschaft, Mut und Führung. Das Feuerelement ist das Element der Sommersaison, in der alles fruchtbar wird und seine Vollendung findet. Es ist mit dem Planeten Mars verbunden, der wohltuend, aber manchmal impulsiv ist. Es ist übermäßig steril und symbolisiert die Person, die sich auszeichnet, aber auch andere schlecht behandelt. Kämpferisch, eitel und reizbar, geht die Person dieses Elements von Wut zu ungezügelter Freude über.

Seit seiner Kindheit hat er eine
Führungspersönlichkeit, Ehrgeiz ist in seinem
Leben präsent, er liebt Gefahren, Lachen,
Begeisterung und Konflikte. Schwierigkeiten
entmutigen ihn nicht, sondern spornen ihn an,
weiterzumachen, und in diesen Fällen durchläuft
er eine heftige Metamorphose.

Diese Menschen sind zum Gewinnen geboren,
aber sie wissen nicht, wie sie es zugeben sollen,
weil sie es nicht schaffen, sich selbst zu
beobachten und ihre Energien zu nutzen. Sie sind
großartig im militärischen Bereich, im Sport und
als Chefs, da die anderen vor ihrem Charisma
untergehen. Sie verstehen es, die Energien des
Holzelements zu nutzen, indem sie ihre Genialität
in den Dienst ihrer Sache stellen und in den
Menschen des Erdelements den lebenswichtigen
Mut zum Vorwärtskommen wecken.
Menschen, die dem Wasserelement angehören,
neigen dazu, ihre Leidenschaft auszulöschen, und
Menschen, die dem Metallelement angehören,
stellen sie mit einer Starrheit auf die Probe, die
ihr Energiefeld auslaugt.

Das am leichtesten geschädigte Organ bei diesen Menschen ist das Herz, es besteht die Möglichkeit einer Tachykardie. Darüber hinaus können sie von Korund Darmprobleme leiden. Sie sollten Kleidung in hellen Farben tragen, unter denen Rot überwiegt, und als Amulette Quarze wie Granate und Hämatit verwenden. Sie sollten auch Weihrauch und Kerzen verwenden.

Diese charismatischen, leidenschaftlichen und opportunistischen Menschen kommunizieren gut und sind handlungsorientiert. Ihr Egoismus und ihr Wunsch nach Erfolg sind unberechenbar und sie verlassen sich nur auf ihre eigenen Ansichten. Sie neigen dazu, Details zu vernachlässigen, da sie manchmal stur sind und Ziele anstreben, die intensive Arbeit erfordern.

Menschen, die unter dem Einfluss des Feuerelements geboren sind, sind positiv, geben immer ihr Bestes und engagieren sich in allem, was sie tun, mit Liebe und Willen. Ihre Energien dienen dazu, diejenigen um sie herum zu unterstützen, denen es daran mangelt.

Das Feuer heizt das Haus und ermöglicht es uns, Essen zuzubereiten. Dieses Element nährt die Erde durch die Asche, es ernährt sich von trockenem Holz, das heißt, Holz, seine Wärme beherrscht das Metall, das heißt, es macht es flexibel, und es kann nur von Wasser beherrscht werden.

Eine Führungspersönlichkeit hat immer ein Übermaß an Feuerelementen und neigt dazu, schnelle Entscheidungen zu treffen. Er fühlt sich zu unkonventionellen Ideen hingezogen, hat keine Angst vor Gefahren und ist immer in Bewegung. Es ist wichtig, dass er emotionale Intelligenz erlernt, denn Arroganz kann seinen Egoismus verstärken und ihn unkontrollierbar machen, insbesondere wenn er auf Hindernisse stößt. Dieser selbstzerstörerische Stil ist vor allem in der Jugend ausgeprägt.

Der Erfolg begleitet die Menschen des Feuerelements, aber sie müssen sehr vorsichtig sein mit Instabilität und Unruhe, die die häufigsten Unzulänglichkeiten der

Feuergeborenen sind. Es ist besser, diese Fehler zu beherrschen, um nicht von ihnen versklavt zu werden. Sie sollten sich einen ruhigen Ort suchen, an dem sie in Frieden leben können, und auch Meditation wird sie ins Gleichgewicht bringen.

Menschen mit dem Feuerelement sind hartnäckig und lukrativ.

Element Holz

Menschen, die in den Jahren geboren sind, die auf die Zahlen 4 oder 5 enden, gehören dem Element Holz an. Holz ist das Element, das Harmonie, Schönheit und Kreativität symbolisiert. Sie haben ein sehr hohes Maß an Selbstvertrauen und einen eisernen Willen, was sie zu den richtigen Menschen macht, um für eine gerechte Sache zu kämpfen.

Holz ist mit dem Planeten Jupiter verbunden, es ist das günstigste der Elemente, Symbol für Beständigkeit und Wissen. Anpassungsfähig biegt es bequem, und hat mehrere Anwendungen,

die kommunikativ, geben und ehrliche Menschen
zu charakterisieren.

Menschen mit dem Holzelement sind kreativ und
vital, aber manchmal sind sie zerstreut und nicht
in der Lage, ihren Weg zu finden und ihre Ziele
zu erreichen. Sie vertrauen anderen bis hin zur
Unschuld, sind gerne mit allen zusammen und
entdecken immer neue Dinge, die sie preisgeben
und sich selbst befriedigen können. Sie fühlen
sich zur Natur und zu Kindern hingezogen und
geben der Familie den Vorrang.
Gelegentlich neigen sie dazu, unrealistische
Erwartungen zu stellen, ihren Körper
herabzusetzen, zu viel zu essen und sich in
Leidenschaft und Sinnlichkeit zu verlieren.

Sie sind es gewohnt, Partner aus dem
Wasserelement zu wählen, von denen sie Mut
und Unterstützung erhalten, und solche aus dem
Feuerelement, die sie mit ihren brillanten Ideen
versorgen.
Es verträgt sich nicht sehr gut mit dem
Metallelement, das es gnadenlos zerstört.

Das Element Holz erkennt man an seiner grünlichen Farbe. Diese Menschen sollten sich um ihre Augen kümmern.

Holz wird verwendet, um Unterkünfte zu bauen, weshalb es uns schützt. Holz deckt sich mit der Kreativität des Wassers, und dank dieser Eigenschaft verstehen und helfen sie anderen.

Diejenigen, die unter dem Holz-Element geboren sind, haben innere Konflikte, um sich Regeln und Traditionen zu unterwerfen, wo strenge Urteile ständig in Kraft sind. Dieses Element nährt das Wasser und ist gleichzeitig Brennstoff für das Feuer. Seine Energie wird von der Erde aufgesaugt und vom Metall unterjocht.

Menschen mit dem Element Holz erringen immer große Erfolge und haben eine begehrte Struktur. Ihre Berufe sind vielseitig. Sie legen großen Wert auf Integrität und streben danach, einen festen Platz im Leben zu finden. Der Glaube an den Erfolg und ihre analytischen Fähigkeiten geben ihnen die Fähigkeit, sich ohne Zögern den komplexesten Problemen zu stellen.

Mit einer unglaublichen Überzeugungskraft wirken sie in vielen Bereichen, denn sie haben immer das Ziel der Entwicklung und Transformation.

Ihr natürlicher Wille hilft ihnen, voranzukommen, und sie finden immer Unterstützung und das nötige Kapital, da andere Menschen auf ihre Fähigkeit zählen, Ideen in Wohlstand zu verwandeln.

Sein Haupthindernis ist es, die Dinge auf die Spitze zu treiben. Wut und verhaltener Zorn wirken sich absolut negativ auf die Energien dieses Elements aus. In der Nähe von Bäumen zu sein und sie zu berühren, gleicht das Holzelement aus.

Bei der Arbeit sind Menschen, die dem Element Holz angehören, ordentlich, intelligent und einfallsreich. In kommerziellen Aktivitäten sind sie mehr fruchtbar, wenn die Arbeit ist Teamarbeit, und ist gut strukturiert.

Kein Arbeitsbereich, der mit ihrem Element zu tun hat, ist ungünstig, aber diejenigen, die mit

Feuer zu tun haben, können sie in gewissem
Maße beeinträchtigen, und diejenigen, die mit
Metall zu tun haben, werden sie ruinieren.

Element Wasser

Das unempfindlichste und gefühlloseste Element, das mit dem Winter, der Langlebigkeit und dem Planeten Merkur verwandt ist, ist der Herrscher der Kommunikation und der tiefen Zuneigung.

Ein Mensch mit dem Element Wasser ist sensibel, aber hermetisch. Er ist wohltätig, gefühlvoll und zerbrechlich, hasst Kritik und handelt deshalb lieber im Verborgenen, um sich zu schützen.

Er ist herzlich, wortgewandt und gleichzeitig besonnen und versteht es, Rückschläge zu überwinden, ohne sich aufzuspielen, mit Gerissenheit, Scharfsinn und Ausdauer. Auf diese Weise erreicht er seine Ziele indirekt und im Stillen, wobei er den Eindruck erweckt, rücksichtsvoll und verständnisvoll zu sein.

Energiemangel ist ein Problem für das Wasserelement, wenn es nicht lernt, seine Ohnmacht mit der Kraft auszugleichen, die aus der Reflexion und der Kommunikation mit den tiefsten Teilen seines Wesens kommt. Panik ist immer die Leitschnur seines dramatischen Lebens, das oft in der Dunkelheit gelebt wird, aus Angst, sich zu zeigen und zu kämpfen.

Auf beruflicher Ebene sind sie wegen der Konkurrenz selbstbewusst, aber sie leisten gute Arbeit an klaren und geschützten Orten, wie Schulen, Buchhandlungen, Redaktionen oder überall dort, wo Kommunikation, mündlich oder schriftlich, der primäre Mechanismus ist, und in der Gesellschaft von friedlichen Kollegen, die zu ihrer Persönlichkeit passen, wie zum Beispiel

jemand aus dem Holz-Element, mit dem der
Wunsch nach Weisheit zusammenfällt, oder mit
dem Metall, von dem sie Entscheidungen
erhalten.

 Umgekehrt passt sie sich weder an das
Feuerelement an, das sie auslöscht und entmutigt,
noch an Menschen, die dem Erdelement
angehören und bei denen sie sich eingeschränkt,
konditioniert und behindert fühlt.

Die schwarze Farbe, ist die eine, die sie
begünstigt, aber sie sollten es mit Mäßigung zu
verwenden, weil es dazu neigt, sie zu entmutigen.
Das gleiche geschieht mit dunklem Quarz, die
Glück anziehen, wie Jet, Onyx und Turmalin. Um
den besten Nutzen aus seinen Qualitäten zu
ziehen, ohne in die Extreme zu gehen, und um
eine Zerstreuung zu vermeiden, sollte die Person
des Wasserelements ihre Pläne im Winter
beginnen.

In den positiven Perioden vermitteln die
Liebesbeziehungen dieses Elements Zärtlichkeit,

Gleichmut und Vorsicht, Potentiale, die es ihnen ermöglichen, sich mit der nötigen Klugheit zu verhalten, um die Ursachen ihrer Konflikte zu beseitigen, wenn sie auftreten.

Sie haben ein unglaubliches Denkvermögen, obwohl ihre zurückhaltende, tiefe und trübe Persönlichkeit sie zu Melancholie neigen lässt. Sie zeigen auch einen Mangel an Sicherheit und Kühnheit. Kreativität ist eine der wichtigsten Eigenschaften, die dieses Element repräsentieren, ebenso wie Anpassung, Sanftmut, Barmherzigkeit und Mitgefühl.

Ohne Wasser gäbe es keine Lebewesen auf der Erde, dieses Element ist rein und kristallin, Eigenschaften, die diejenigen haben, die zu diesem Element gehören.

Menschen, die diesem Element angehören, sind leutselig und haben einen wunderbaren Einfluss auf andere. Sie haben eine originelle Intuition, die es ihnen ermöglicht, schnell zu erobern. Ausdauer und Klarheit geben ihnen die Möglichkeit, Ereignisse vorherzusagen.

Sie können die Fähigkeiten anderer wahrnehmen und sie effektiv inspirieren, aber sie sind diskret und lassen andere nicht merken, dass sie sie nutzen.

Der Missbrauch von Natrium oder Alkaloiden und Lebensprototypen, die von den üblichen Strukturen abweichen, sind für Menschen, die im Wasserelement geboren sind, sehr schädlich. Die Einhaltung der Schlafzeiten, die Aufrechterhaltung einer entspannten geistigen und emotionalen Gesundheit und der Kontakt mit Wasser stellen ihre Harmonie wieder her und optimieren ihre Energien.

Diejenigen, die einem Wasserelementzeichen angehören, können Berufe ergreifen, die mit Holz und Feuer zu tun haben, und erfolgreich sein, Berufe ausüben, die mit ihrem eigenen Element zu tun haben, und Berufe, die mit Erde zu tun haben, ablehnen, da Erde das Wasser unterdrückt.

Kompatibilität und Inkompatibilität

Sie sind kompatibel:

Ratte - Drache - Affe.

Sie stehen in Beziehung zueinander durch ihre Persönlichkeiten, die sehr aktiv und freundlich sind. Alle drei sind fleißig, ungeduldig, leidenschaftlich und ruhelos und haben stets hohe Ziele vor Augen. Sie stecken voller Ideen, haben die nötige Ausdauer und den Mut, sie umzusetzen, und kommen immer wieder mit innovativen, unerwarteten, überraschenden und kraftvollen Lösungen daher.

Tiger - Pferd - Hund.

Sie sind durch die Zufriedenheit verbunden, die sie empfinden, wenn sie zusammenarbeiten. Sie sind durch ihre Bescheidenheit, Würde, Ehrlichkeit und ihren hartnäckigen Altruismus verbunden. Einfühlsam, scharfsinnig und kommunikativ, wenn auch ein wenig gewalttätig und streng, kämpfen sie energisch gegen Ungleichheiten, Gewalt und Illegalität. Diese drei Zeichen verkaufen niemals ihr Gewissen.

Ochse - Schlange - Hahn.

Diese drei Zeichen eint ihre Förmlichkeit, ihre Vernunft und die Ernsthaftigkeit, die sie in ihrem Leben erreichen. Sie sind energisch, unternehmungslustig und unermüdlich, unflexibel in ihren Entschlüssen, sie überdenken und planen gerne in Ruhe, bevor sie Verpflichtungen eingehen, die sie später bereuen würden. Was ihnen fehlt, ist Kälte, denn für sie muss die Vernunft über die Gefühle siegen.

Kaninchen - Ziege - Schwein.

Drei emotionale Zeichen, die auch durch ihre Kreativität verbunden sind. Instinktiv, anfällig, sensibel und zurückhaltend, passen sie sich leicht an ihren Lebensraum an, und als gute Profiteure haben sie nichts dagegen, von anderen abhängig zu sein. Ihre täglichen Aussagen beinhalten immer die Worte: Perfektion, Allianz und Konformität.

Hinweis: Gegenüberliegende Zeichen sind gegenüberliegende Feinde:

Ratte -Pferd

Ochse - Ziege

Tiger - Affe

Kaninchen - Hahn

Drache - Hund

Schlange - Schwein

Schwein

Eigenschaften

Wäre das Schwein nicht so ehrlich, würde es mehr Freundschaften pflegen, oder vielleicht würde es nicht so viele Gelegenheiten und geeignete Kontakte verlieren. Schweine glauben, dass die Wahrheit über allem steht, daher stören sie zerbrochene Beziehungen nicht mehr als eine Beziehung, die auf Offenheit beruht.

Die Ungewissheit, die das Schwein ausstrahlt, ist das Ergebnis einer enormen Besorgnis. Sie müssen über alles hundertmal nachdenken, und selbst wenn sie sich für etwas entschieden haben, zweifeln sie, ob ein anderer Weg nicht besser gewesen wäre.

Trotz all dieser Ungewissheiten fällt es ihnen schwer, eine Entscheidung zu treffen, und sie setzen ihren Weg entschlossen fort.

Schweine sind entgegenkommend, herablassend und fair. Mit ihrer Einstellung eignen sie sich gut für die Arbeit und für Berufe, bei denen es auf Konzentration ankommt.

In der Liebe sind sie treu, zuvorkommend und umgänglich. Obwohl sie einen großen Sinn für Humor haben und wissen, wie man das Leben genießt, sollten sie in Beziehungen nicht mit Personen in Verbindung gebracht werden, die sehr kommunikativ sind oder die sich zum Spaß hingezogen fühlen, da sie das häusliche Leben genießen und Zusammenkünfte mit engen Freunden gegenüber Menschenmengen bevorzugen werden.

Er ist ein integrer Mensch, der sich nicht davon blenden lässt, an mehr als einer Sache gleichzeitig zu arbeiten, was ihn aber nicht daran hindert, den dynamischen Erfahrungen der jouissance nachzugehen, die in ihrer falschen Version ihre Zerstörung bedeuten könnten.

Das Schwein will nicht der Chef sein, deshalb ist es ein treuer Gefährte, der nie darum konkurrieren wird, im Mittelpunkt zu stehen, auch wenn es das manchmal unbewusst durch seine Handlungen tut und sich unentbehrlich macht.

Er ist barmherzig und ehrlich und hat das Glück, immer einen treuen Freund zu haben, der ihm helfen will, wenn er es braucht. Er zieht es jedoch vor, zu geben, statt zu fordern.

Obwohl er sehr leicht entrüstet ist, verzichtet er schnell auf Feindseligkeit, weil er sich für Harmonie entscheidet, was ihn selbstzufrieden und resigniert macht, um zu kooperieren und sich jedes Argument anzuhören. Er liebt es, sich für wohltätige Zwecke zu engagieren, lässt sich von Verpflichtungen nicht beeindrucken, und es ist, als wäre er geboren, um gegen sie zu kämpfen.

Seine negative Seite ist, dass er, wenn er sich entschließt, sie zu offenbaren, eine bestimmte Situation ausnutzen und so ohne Skrupel über alles verfügen kann, als ob es ihm gehören würde.

Wenn er sich verliebt, gibt er sich seiner Liebe und Treue hin, ohne etwas dafür zu verlangen. Er legt Leidenschaft und Glück in all seine Handlungen und lässt seinen Partner den Nabel der Welt fühlen. Er ist sehr sinnlich und weiß nicht, wie er seine Gefühle verbergen kann, noch leugnet er die Ansprüche der Person, die er liebt, und gibt sich dunklen Leidenschaften hin.

Das Schwein ist kein guter Anführer und Vorgesetzter, und es ärgert ihn, dass er in seinen Ambitionen eingeschränkt ist. Das macht ihn egoistisch und nutzlos. Seine unverwüstliche Neigung zu geben ist Ausdruck seiner großen Verpflichtung zur Zusammenarbeit.

Er liebt es, in der Gegenwart zu leben und versucht nicht, in die Vergangenheit zu reisen oder die Zukunft vorwegzunehmen, weshalb er über eine große Rehabilitationskraft und eine eiserne Entschlossenheit gegenüber den Schwierigkeiten des Alltags verfügt.

Er ist sehr akribisch und gibt keine Ruhe, wenn er in formale Streitigkeiten gerät, und selbst wenn er vernünftig ist, wird er das Gefühl haben, dass er das Problem verursacht hat, weil er nicht in der Lage war, die Harmonie zu bewahren.

Der Hase und die Ziege sind seine bevorzugten Komplizen, denn sie teilen mit ihm das Bedürfnis nach Gelassenheit und Harmonie. Der Tiger begleitet ihn auf kurvenreichen Wegen. Die Ratte, der Ochse, das Pferd, der Hahn, der Hund und der Drache teilen freudige Gelegenheiten mit dem Schwein.

Ein anderes Schwein, es ist nicht eine angenehme Vereinigung, noch unterhaltsam, aber es wird nicht schlecht funktionieren. Die schwierigsten Oppositionen sind mit der Schlange und dem Affen, da es immer mit diesen beiden bösartigen kleinen Tieren verliert.

Schwein

Metall-Schwein

Metallschweine sind freundlich und legen großen Wert auf Loyalität. Sie sind effizient und mutig. Sie sind für ihren Sinn für Humor bekannt. Sie sind extrovertiert und zeigen ihre Zuneigung offen. Sie verfügen über Visionen, unternehmerische Ideen und einen natürlichen Spieltrieb, was zu ihrem Erfolg in der Geschäftswelt beiträgt. Sein Selbstvertrauen kann ihm jedoch auch Probleme bereiten, da er manchmal mehr verspricht, als er halten kann, wichtige Details übersieht, um kritisiert zu werden, und möglicherweise das Potenzial einer Idee überschätzt.

Das Metallschwein verfügt über eine ausgezeichnete Konzentrationsfähigkeit und genießt es, in der Einsamkeit zu studieren oder tief nachzudenken. Es ist besonnen und rational und hat die Fähigkeit, jedes Argument auf den Punkt zu bringen und Schwächen in der Logik anderer Menschen schnell zu erkennen.

Dieses Schwein arbeitet gerne an Problemen, die andere als zu langweilig, zu iterativ und zu technisch ansehen. Sie neigen dazu, sich einem bestimmten Wissensgebiet zu widmen und sich in alle Details dieses Gebiets zu vertiefen, wobei sie manchmal ignorieren, dass nur wenige Menschen ihr persönliches Interesse teilen, vor allem auf ihrem Niveau.

Er ist mit seiner Vergangenheit, seinem Geburtsort und den Familientraditionen verbunden. Es ist ihm nicht möglich, mit den Gewohnheiten und Rollen zu brechen, die er in seiner Kindheit gelernt hat. Die Verbindung zu seiner Mutter ist stark, und dieses Schwein sucht

Zuneigung und Schutz bei seinem Partner und anderen Familienmitgliedern.

Wasserschwein

Wasserschweine drücken sich nicht leicht aus, selbst wenn sie viel zu sagen haben. Er neigt dazu, seine Gedanken schweifen zu lassen, und es fällt ihm schwer, sehr realistische Themen zu studieren, die nicht viel Farbe oder Idealismus haben. Seine Wahrnehmung und die ersten Emotionen, die er empfindet, sind wahrscheinlich genau, und er neigt dazu, sich auf diese Fähigkeit zu verlassen, um Entscheidungen zu treffen. Er hat eine ausdrucksstarke Veranlagung und die Fähigkeit, auf andere freundlich zuzugehen.

Seine emotionale Größe und sein Mangel an Kleinlichkeit werden in seinem Freundeskreis sehr bewundert, und sie suchen oft Hilfe oder Rat bei ihm. Er ist immer bereit, über die Fehler anderer hinwegzusehen und übertreibt es manchmal mit dem Mitgefühl.

Er hat eine innere Haltung und Ausgeglichenheit, die es ihm ermöglicht, bei Traumata und emotionalem Stress effizient vorzugehen. Bei emotional aufgeladenen Themen bewahrt er Objektivität, oft zum Leidwesen anderer, die ihn gerne energischer reagieren lassen würden.

Dieses Schwein erlebt starke Anziehungskräfte von großer emotionaler und sexueller Potenz und kann das Gefühl haben, seine Begierden kaum kontrollieren zu können. Sie haben ein durchdringendes Bedürfnis nach Liebe und können emotional unersättlich sein. Sein Liebesleben ist leidenschaftlich, turbulent und schmerzhaft. Eifersucht, Machtkämpfe und Manipulation können zu Konfliktfeldern in ihren Beziehungen werden.

Es steht vor vielen Herausforderungen und möglicherweise vielen Hindernissen bei der Verfolgung seiner Ziele und Wünsche. Diese Rückschläge treten oft auf, weil dieses Schwein Dinge übereilt getan hat oder versucht hat, nach seinem Willen zu arbeiten, ohne auf die Auswirkungen auf andere zu achten.

Schwein aus Holz

Wood Pigs nehmen ihre Ziele ernst und wissen, dass der einzige Weg, sie zu erreichen, darin besteht, weiterzuarbeiten. Ausdauernde Anstrengungen und die Konzentration auf ein einziges Ziel sind die Mittel, mit denen er seine Ziele im Leben erreicht.

Er steht Schwierigkeiten stoisch gegenüber und kämpft sich geduldig durch Probleme. Er weiß tief in seinem Inneren, dass er sich nur auf sich selbst verlassen kann, dass alles auf seinem Rücken lastet, und er kann sehr unflexibel sein, wenn es darum geht, Disziplin einzuführen, da er hohe Erwartungen hat.

Dieses Schwein schränkt sich oft selbst ein und zweifelt an seinen eigenen Fähigkeiten. Er spürt, dass er auf großen Widerstand stößt, wenn er versucht, sich durchzusetzen, und das kann sehr frustrierend sein. Er hat jedoch die Fähigkeit, konsequent zu sein, und die Entschlossenheit, alle Hindernisse zu überwinden.

Höflichkeit, gute Manieren und korrektes Verhalten sind für dieses Schwein sehr wichtig. Seine ruhige, sachliche Haltung steht für andere anscheinend an erster Stelle, und obwohl er in der Tat sehr hilfsbereit ist, strahlt er nicht viel Mitgefühl aus, so dass andere diese Seite seines Temperaments vielleicht nicht sofort erkennen.

Er mag methodisch und objektiv erscheinen und sogar konservativer sein, als er in Wirklichkeit ist. Er ist der Typ Mensch, den man um Rat fragt oder um eine unvoreingenommene Meinung bittet, aber nicht um emotionale Unterstützung.

Das Holzschwein ist sehr praktisch veranlagt und möchte greifbare Ergebnisse seiner Bemühungen sehen, denn es ist nicht jemand, der verrückte Träume webt. Fast alle ihre Träume haben mit materiellen Errungenschaften und Sicherheit zu tun, da sie die physische Welt sehr liebt und sie in vollen Zügen genießen möchte.

Feuerschwein

Das Feuerschwein hat drei Hauptfehler, von denen einer seine sture Dickköpfigkeit ist. Der zweite ist sein mangelndes Interesse daran, von seiner bequemen Routine abzuweichen, und der dritte ist seine Tendenz, das Phantasievolle, Spekulative und Fantasievolle abzuwerten, mit anderen Worten, die Unfähigkeit, mit Ideen und Möglichkeiten zu spielen und seinen Geist für Neues zu öffnen.

Wenn das Feuerschwein beschließt, was es tun will, tut es das mit Beharrlichkeit, und wenn nötig, wird es sich selbst opfern, um seine tiefen Überzeugungen zu verwirklichen. Dieser Charakterzug ist nicht sehr verbreitet und führt dazu, dass er sich im Vergleich zu anderen etwas fehl am Platz fühlt.

Er nimmt die Dinge sehr förmlich und neigt dazu, ein wenig fanatisch zu sein, wenn auch wahrscheinlich nicht offenkundig, so dass andere vielleicht nicht wissen, wie sehr er von Dingen, die wichtig sind, betroffen und angetrieben ist. Er hat einen entschlossenen Willen und die Bereitschaft, nach Dingen zu streben, die eine wirkliche Bedeutung haben, anstatt einen einfacheren, aber weniger bedeutungsvollen Weg im Leben zu gehen.

Er zweifelt an seiner Intelligenz und seinen geistigen Fähigkeiten und arbeitet sehr hart an seinen Studien, um dies zu ändern. Er ist oft sehr ernst und desinteressiert an Smalltalk, und allgemeine Gespräche sind für ihn wahrscheinlich etwas schwierig.

Erde-Schweine

Erdschweine können keinerlei Kleinlichkeit tolerieren und neigen zu Übertreibungen. Sie haben auch einen wunderbaren Sinn für Dramatik. Der Wunsch nach persönlicher Anerkennung und das Bedürfnis, etwas zu tun, auf das sie wirklich stolz sind, motivieren sie stark. Sie haben eine ungewöhnliche Fähigkeit zu Spaß und Unfug.

Er ist unternehmerisch veranlagt und hat ein starkes Interesse daran, groß herauszukommen. Er ist immer auf der Suche nach neuen Chancen und Geschäftsmöglichkeiten und ist bereit, Risiken einzugehen, wenn er spürt, dass er etwas gewinnen will. Egal, was er erreicht, er scheint nie ganz zufrieden zu sein. Er hat immer das Gefühl, dass er mehr erreichen kann, und setzt sich ein neues Ziel. Er fühlt sich unter begrenzten Umständen frustriert und würde Szenarien mit relativem Erfolg und relativer Sicherheit aufgeben, wenn sie ihm nicht die Möglichkeit bieten, sich in der Zukunft zu erweitern und zu wachsen. Er liebt es, immer wieder an seine Grenzen zu gehen, um zu sehen, wie weit er gehen kann.

Dieses Schwein neigt dazu, sehr leicht die Geduld zu verlieren, besonders mit unentschlossenen Menschen. Sie müssen sofortige Ergebnisse sehen und können es nicht ertragen, zu warten, was dazu führen kann, dass sie ihre Entscheidungen überstürzen. Sie müssen lernen, nachzudenken, bevor sie sprechen oder handeln, denn oft handeln sie impulsiv und verkomplizieren die Situation oder setzen sich selbst gefährlichen Situationen aus.

Vorhersagen 2024

In diesem Jahr werden Sie Ihre Intuition nutzen müssen, um sich an die Veränderungen anzupassen, die dieses Jahr mit sich bringt. Du wirst über deine üblichen Bemühungen hinausgehen müssen, um dich zu verbessern. Du musst dein Wissen und deine Erfahrungen nutzen, um erfolgreich zu sein, und es wird ein Jahr sein, indem du dich auszeichnen und lernen kannst. Sie werden Ihr Leben und Ihre Denkweise ändern müssen, sonst werden Sie scheitern.

Es wird ein ausgezeichnetes Jahr für Gelegenheiten, die man nicht verpassen sollte.

Sie müssen jederzeit entschlossen sein und den Sprung wagen. Sie werden Ihren Wert beweisen und Ihre Ziele verfolgen können. Ihre Hobbys und die Themen, die Sie interessieren, könnten Sie weiterbringen als eine einfache Ablenkung. Sie könnten ihr Wissen erweitern und sich in unbekannte und sehr nützliche Themen vertiefen. Sie werden viele Wünsche haben, zu reisen, aber sie werden nicht genug Geld haben, um dies zu tun.

Diejenigen, die in einem Beschäftigungsverhältnis stehen, erhalten eine Gehaltserhöhung aufgrund eines Stellenwechsels mit mehr Verantwortung innerhalb derselben Stelle. Dadurch können sie ihre Berufserfahrung erheblich erweitern. Wenn sie sich für einen Stellenwechsel entscheiden oder wenn sie auf der Suche nach einer neuen Stelle sind, werden sie eine gute Gelegenheit finden.

Was das Geld betrifft, so werden sie einige größere Ausgaben haben, aber sie werden wissen, wie sie ihr Budget gut kontrollieren können. Sie werden nicht viel Geld für Urlaube übrighaben, aber sie werden einige Ausflüge machen.

Sie werden Ihren Lebensstil ändern müssen, denn die jüngsten Erfahrungen haben Ihnen gezeigt, dass die Art und Weise, wie Sie Ihr Leben führen, nicht die richtige ist. Sie müssen Ihre Ernährung umstellen, Sport treiben und ein Hobby haben, das Sie glücklich macht. Das wird sehr wichtig für ihr Gleichgewicht sein.

Für Singles wird 2024 ein großartiges Jahr sein. Die Liebe wird an der Oberfläche sein und du wirst dich verlieben. Haben Sie es nicht eilig und leben Sie jeden Moment langsam, lernen Sie die andere Person nach und nach kennen. Ohne zu hetzen. Sie werden auch viele Veränderungen in Ihrem Zuhause und mit Ihren Familienmitgliedern erleben.

Im Allgemeinen wird 2024 ein positives, glückliches Jahr mit vielen Möglichkeiten sein, wenn Sie zu improvisieren wissen. Sie werden mehr als ein Ziel erreichen und sich in die

Richtung bewegen, in die Sie gehen wollen, wenn Sie es schaffen, in Aktion zu bleiben.

Das Jahresende ist der Zeitpunkt, an dem die größten Veränderungen anstehen, was zum Teil auf Ihre ehrgeizigen Pläne zurückzuführen ist. Du ziehst vielleicht um oder änderst die Möbel. Es wird verrückt sein, aber es ist deine größte Illusion.

Kombination der Tierkreiszeichen mit dem chinesischen Horoskop

Wenn man östliche und westliche Horoskope kombiniert, ist es erstaunlich, wie sehr sie miteinander verbunden und genau sind.

Chinesische und westliche Horoskope sind die am häufigsten verwendeten Horoskope. Wenn Sie die Möglichkeit haben, sie gründlich zu verstehen, wird es für Sie einfacher sein, sie zu nutzen und einen zentralen Ansatz zu verfolgen.

Beide Horoskope basieren auf der Position der Sterne, aber im chinesischen Horoskop werden 28 Sternbilder verwendet, im westlichen Horoskop 88. Das chinesische Horoskop basiert auf 12 Tieren, die jedes Jahr regieren, und das westliche Horoskop basiert auf 12 Zeichen, die jeden Monat regieren.

Das chinesische Horoskop basiert auf dem Mondkalender und ist das älteste bis heute bekanntes Horoskop. Ihr Sternzeichen stimmt wahrscheinlich mit Ihrem Zeichen im

chinesischen Horoskop überein, aber das kommt
nicht oft vor. Wenn das der Fall wäre, wären die
Vorhersagen genauer.

Zwischen den Zeichen beider Horoskope besteht eine Gleichwertigkeit:

Widder/Drache

Stier/Serpent

 Zwillinge/Pferd

Krebs/ Ziege

Löwe / Affe

Jungfrau/Hahn

Waage / Hund

Skorpion / Schwein

Schütze / Ratte,

Steinbock/Ochse

Wassermann/Tiger

 Fische / Hase

Kombinationen

Schwein

Widder/Schwein

Eine Kombination, die sehr freundlich und leutselig Menschen gibt. Sie sind friedlich von Geburt an, sie hassen Probleme und Klatsch. Sie vermeiden Konflikte, sie riechen sie aus der Ferne. Sie sind optimistisch, haben eine ausgezeichnete geistige und emotionale Gesundheit und die Fähigkeit, hart zu arbeiten.

Sie sind daran gewöhnt, sich in sentimentalen Angelegenheiten selbst zu täuschen, und wenn sie enttäuscht werden, werden sie deshalb zu einem Baiser. Sie sind großzügig, sie sind auf der ständigen Suche nach ihrem Seelenverwandten

und wenn sie ihn finden, geben sie sich
bedingungslos.

Stier/Schwein

Eine Mischung, die zu sehr entgegenkommenden
Menschen führt. Sie lieben es, Spaß zu haben,
sind fröhlich und haben viel Geduld. Sie sind
harte Arbeiter und Kämpfer und haben ein gutes
Herz. Sie sind manchmal unangenehm, wenn die
Dinge nicht so laufen, wie sie es sich wünschen.
Ihre Großzügigkeit wird manchmal von
skrupellosen Menschen ausgenutzt.

Sie sind mitfühlend, methodisch und im Einklang
mit ihren Gefühlen.

Zwillinge/Schwein

Eine Kombination, die von Menschen in die Welt
gesetzt wurde, die zwar fröhlich, aber
unverantwortlich sind. Sie können keine
Verpflichtungen haben, weil sie überfordert sind.

Sie sind immer mit allen zerstritten und streiten sich gerne über Kleinigkeiten. Sie sind eifersüchtig auf ihre Partner, kontrollierend und unsicher. Ihre Fantasie ist stark, sie sehen Geister, wo es keine gibt, und ihr Ruf ist zweifelhaft.

Krebs/Schwein

Sehr selbstgenügsame Menschen. Sie halten sich für den Nabel des Universums und möchten, dass jeder ihnen Aufmerksamkeit schenkt. Sie kämpfen für ihren Erfolg und lieben den Ruhm.

Er ist fröhlich und ausgeglichen, aber sehr anfällig für Kritik. Sie haben plötzliche Stimmungsschwankungen und sind sehr aufrichtig im Ausdruck ihrer Gefühle. Für sie ist es wichtig, Geld zu haben, weil sie ihre Gefühlslage mit dieser Energie verbinden.

Löwe/Schwein

Diese Menschen sind Führungspersönlichkeiten, lieben das gute Leben und Kämpfen für die

Annehmlichkeiten, die ihnen ihrer Meinung nachzustehen. Sie sind aber auch sehr mitfühlend und freundlich. Sie sind sensibel für die Gefühle anderer Menschen und großzügig gegenüber Familie und Freunden. Sie wissen, wie sie ihre Finanzen kontrollieren, können aber auch egozentrisch und launisch sein.

Sie genießen gesellige und familiäre Zusammenkünfte, bei denen alle zusammenkommen und sich an ihrer charismatischen und attraktiven Präsenz erfreuen.

Jungfrau /Schwein
Diese Verbindung gibt vernünftigen Menschen. Sie sind sehr diskret, und misstrauisch. Sie zeichnen sich durch ihren Altruismus aus, und wenn sie dir nicht helfen können, werden sie dich beraten. Bei Konflikten werden sie zu einem Eisklotz und brechen vielleicht kurzzeitig zusammen oder beschuldigen dich für ihre Missstände. Sie können pessimistisch sein, und

wenn sie die Unterstützung erhalten, die sie brauchen, neigen sie zu Depressionen.

Sie verfolgen beharrlich ihre Ziele, sind ehrlich und mögen keine absurden Ziele.

Balance /Schwein

Eine Kombination, die sich durch ihre Einsicht auszeichnet. Sie überschreiten niemals Grenzen, es sei denn, sie werden dazu ermächtigt, sei es mit Freunden oder Partnern. Sie sind brillant in Verhandlungen und zurückhaltend in ihren Meinungen.

Er tut sein Bestes, um nicht in Konfliktsituationen verwickelt zu werden. Er duldet keine Unwahrheiten, Betrügereien und Ungerechtigkeiten.

Skorpion/Schwein

Diese beiden Zeichen sind typisch für Menschen, die naiv erscheinen, aber eigentlich sehr intelligent sind. Sie analysieren dich gerne, um zu wissen, was du ihnen an Nutzen bringen kannst. Sie sind egoistisch und eitel. Sie haben ausgeklügelte Strategien, um die Liebe und Freundschaft anderer Menschen zu gewinnen. Sie sind charismatisch und genießen es, im Zentrum der Aufmerksamkeit zu stehen.

Sie sind planvoll, verabscheuen das Unerwartete und wechseln sehr leicht von Freude zu Traurigkeit.

Schütze /Schwein

Diese beiden Zeichen ergeben Personen, die mitfühlend und optimistisch sind. Sie zeichnen sich durch ihre Ehrlichkeit und ihre Abneigung gegen giftige Menschen aus. Sie sind Menschen, die, wenn sie etwas zu sagen haben, nicht um den heißen Brei herumreden, sondern direkt sind und es zu schätzen wissen, dass man es ihnen gleichtut. Sie schätzen die Meinung anderer, hören dankbar auf den Rat, den sie erhalten, und haben eine beneidenswerte Energie.

Sie erreichen alles, was sie sich vorgenommen haben, denn wenn sie ein Ziel haben, setzen sie ihre ganze Energie und Konzentration darauf.

Steinbock/Schwein

Menschen mit diesen Zeichen sind sehr entspannt, sie gehen durch das Leben, ohne sich zu quälen und wissen, dass es immer eine zweite Chance gibt. Sie kommunizieren offen und sind sehr freundlich. Sie sind emotional, sie sind sehr nett und mit ihnen wird es auf einer Party nie langweilig, denn sie haben immer etwas zu erzählen.

Ihr Temperament ist stark, sie sind sehr würdevoll, man kann ihnen vertrauen, und wenn man ihnen ein Geheimnis verrät, werden sie es mit ins Grab nehmen.

Verseau /Schwein

Diese Kombination führt zu einer Tendenz zu unkonventionellem logischem Denken. Im

Allgemeinen sind sie sehr ausgeglichene Menschen und ihr Verstand ist immer aktiv, um nach den besten Lösungen für jede Konfliktsituation zu suchen.

Sie sind freundliche Menschen, die gerne mit anpacken, ihre Fehler immer erkennen und aus Erfahrungen lernen. Sie sind dafür bekannt, dass sie ein Röntgenauge für jedes Detail haben, und mit dieser Eigenschaft sind sie die richtigen Leute für Jobs, die diese Art von Fähigkeiten erfordern,

Fische /Schwein
Die Kombination dieser Zeichen ist typisch für Menschen, die viele spirituelle Werte haben. Sie sind friedlich und werden sich unter allen Umständen bemühen, nicht in Konflikte verwickelt zu werden. Sie sind nicht selbstsüchtig und wenn sie für dich die Extrameile gehen müssen, werden sie es, ohne zu zögern tun.

Sie sind bewundernswerte, harte Arbeiter, die ihr Bestes geben, auch wenn sie erschöpft sind. Sie hören nicht auf, wenn sie müde werden, sondern wenn sie fertig sind.

Dekorieren Sie Ihr Zuhause nach Feng-Shui

Feng Shu ist eine chinesische Philosophie, die sich mit der Umwelt befasst und auf der Theorie von Yin und Yang und den fünf Elementen basiert. Experten haben gezeigt, dass im alten China regelmäßig Gebiete gewählt wurden, die von Bergen umgeben waren und einen Fluss hatten. Dies lag nicht nur daran, dass diese Gebiete die wichtigsten Kriterien für das Überleben darstellten, sondern auch daran, dass sie den vom Feng-Shui vorgegebenen Mustern entsprachen. Der Grundgedanke des Feng-Shui besteht darin, ein Gleichgewicht zwischen den Menschen und dem Universum herzustellen. Wenn es gute Energien gibt, gibt es ein Gleichgewicht, denn Feng-Shui beeinflusst das Schicksal eines jeden Menschen. Durch das Studium von Feng-Shui kann der Mensch an seiner Kompatibilität mit der Natur, seiner Umgebung und seinem Leben arbeiten, um mehr Wohlstand und Gesundheit im Leben zu erreichen.

Theorie der fünf Elemente

Die Theorie der fünf Elemente ist ein Bestandteil des Feng-Shui. Diese Elemente sind wichtig für die Bestimmung des richtigen Feng-Shui in einem bestimmten Raum. Diese Elemente sind: Feuer, Erde, Metall, Wasser und Holz, und jedes hat eine Besonderheit, die bestimmte Aspekte des Lebens symbolisiert.

Die Fünf Elemente sind der Ausdruck, der im Feng-Shui verwendet wird, um die Struktur der Natur zu erklären, und diese Elemente wirken zusammen und müssen immer ausgeglichen sein.

Feng-Shui für die zwölf Zeichen des chinesischen Horoskops

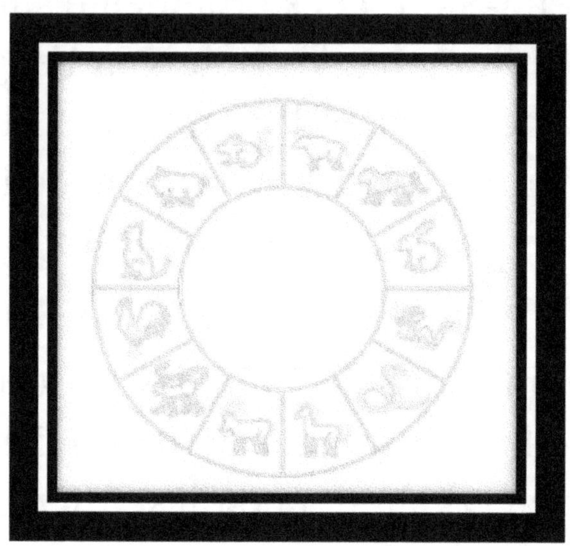

Das Zeichen der Ratte

Wasser begünstigt Menschen, die unter dem Zeichen der Ratte geboren sind, es hilft ihnen, Wohlstand zu erlangen. Um Fülle zu erhalten, sollten sie ein Goldfischbecken in den nördlichen Teil ihres Büros stellen.

Das Zeichen des Ochsen

Menschen dieses Zeichens werden Wohlstand erreichen, wenn sie das Element Feuer nutzen. Um dies zu erreichen, sollten sie Porzellan- oder Keramikartikel in ihren Geschäften oder Büros und in ihren Häusern aufstellen.

Das Zeichen des Tigers

Das Erdelement ist dasjenige, das Personen, die dem Zeichen des Tigers angehören, verwenden sollten. Sie sollten etwas Relevantes hinzufügen, dass dieses Erdelement symbolisiert. Eine Topfpflanze oder eine natürlich wachsende Blume kann Wohlstand in ihr Leben bringen.

Kaninchen-Schild

Um Glück und Fülle anzuziehen, brauchen Menschen mit dem Zeichen Hase ein geheimes Erdelement in ihrem Leben. Sie sollten eine Jade oder einen Citrin-Quarz im nordöstlichen Teil Ihres Hauses oder Büros verstecken.

Drachen-Zeichen

Der Nordwesten ist hervorragend für diejenigen, die im Zeichen des Drachen geboren sind. In diese Richtung sollten sie eine Schale mit klarem Wasser, vermischt mit ein wenig Erde, stellen. Eine andere Möglichkeit ist, eine Lotusblume in eine Schale zu legen.

Das Zeichen der Schlange

Menschen, die dem Zeichen der Schlange angehören, werden zu Wohlstand kommen, wenn sie Metallgegenstände, insbesondere Gold und Silber, in ihrem Haus oder Büro verwenden.

Das Zeichen des Pferdes

Der Nordwesten ist die empfohlene Position für Menschen mit dem Zeichen des Pferdes, um ein großes Kapital zu erhalten. Sie sollten einen Metallfrosch im Nordwesten ihres Hauses oder Geschäfts platzieren.

Das Zeichen der Ziege

Norden ist die geeignete Himmelsrichtung für Menschen, die im Zeichen der Ziege geboren sind. Sie sollten eine kleine Holzkiste oder einen anderen hölzernen Gegenstand im Norden ihres Büros oder ihrer Wohnung aufstellen.

Wenn sie eine Holzkiste verwenden, sollten sie einen Gegenstand, der mit ihrem Beruf zu tun hat, in die Kiste legen. Ein Schriftsteller kann zum Beispiel einen Bleistift in die Kiste legen.

Affe Zeichen

Damit Wohlstand in das Leben von Menschen kommt, die im Zeichen des Affen geboren sind, sollten sie eine Pflanze in ihrer Größe oder größer in dieser Himmelsrichtung auf der Westseite des Hauses oder des Unternehmens aufstellen.

Hahn Zeichen

Wer dem Sternzeichen Hahn angehört, hat Glück, wenn er einige Samen in ein Glas, eine Flasche oder eine Schale von dunkelroter Farbe legt. Sie sollten kein Metall verwenden.

Hundeschild

Menschen, die dem Zeichen des Hundes angehören, sollten in ihrem Leben auf die Elemente Wasser und Erde verzichten. Sie können Baumstämme oder Pflanzenzweige in ihr Büro oder ihre Wohnung stellen, aber sie können sie nicht in Wasser oder Erde stellen.

Das Zeichen des Schweins

Menschen, die im Zeichen des Schweins geboren sind, brauchen das Element Feuer in ihrem Leben, um Glück zu haben. Sie können ein Keramiktablett oder andere Gegenstände aus Ton in ihrem Haus aufstellen.

Feng Shui 2024

Im Jahr des Drachen sollten Sie Perlenarmbänder oder Armreifen tragen.

Sie sollten ein Amulett mit einer Drachenfigur oder ein Feng-Shui-Glücks-Windspiel mit Kristallen aufstellen und es im Südosten Ihres Hauses oder im Familienbereich Ihres Schlafzimmers oder Büros platzieren.

Vergessen Sie nicht, Ihre Wohnung mit Grünpflanzen, natürlichen Blumen in verschiedenen Farben, Fotos, Bildern oder Darstellungen zu dekorieren, die Landschaften und Gärten charakterisieren.

Sie sollten auch hölzerne Dekorationen verwenden und keine Fotos von verstorbenen Familienmitgliedern neben den aktuellen Familienfotos aufstellen, da die Schwingung dieser Fotos schmerzhaft ist und Ihnen Energie raubt.

Das chinesische Neujahrsfest hat viele Traditionen, um das Alte zu verabschieden und Platz für das Neue zu schaffen. Eine Tradition, die wir empfehlen, ist, am ersten Tag des chinesischen Mondneujahrs nicht in der heimischen Küche zu kochen, da es Unglück bringt, scharfe Instrumente wie Messer herauszunehmen. Dies kann das Glück für den Rest des Jahres schmälern.

Die ersten 15 Tage des chinesischen Neujahrsfestes werden gefeiert, und obwohl es stimmt, dass uns manchmal die Zeit dazu fehlt, ist es ratsam, im Voraus Vorbereitungen zu treffen.

Wenn Sie es schaffen, im Voraus vorbereitet zu sein, wird dies Ihnen helfen, Wohlstand anzuziehen. In diesem Jahr sollten Sie zwei Tage vor dem chinesischen Neujahrsfest, also am Donnerstag, den 8. Februar 2024, mit einer gründlichen Reinigung Ihres Hauses beginnen. Vergessen Sie nicht, dass es Unglück bringt, am ersten Tag des neuen Jahres zu putzen, weil Sie damit Ihr ganzes Glück aus der Haustür fegen würden.

Am Abend vor dem chinesischen Neujahrsfest, am Freitag, dem 9. Februar 2024, sollten Sie alle Ihre Ziele für das Jahr planen und aufschreiben, falls Sie das nicht schon am 1. Januar getan haben.

Schreiben Sie nach dem Neumond am Freitag, den 09.02.2024 um 17:58 Uhr EST absolut alle Ihre Wünsche auf. Welche Ziele wollen Sie in Ihrem Berufsleben, in Ihrem Finanzbereich, in Ihrem Liebesleben und in Ihrem Familienleben erreichen? Schreiben Sie eine Liste für jeden Bereich Ihres Lebens, den Sie verbessern möchten.

Wenn du eine Holztruhe kaufen kannst, wäre das ideal, denn darin kannst du deinen Wunschzettel zusammen mit einem Pyrit quarz und einem Citrin aufbewahren, die als Steine bekannt sind, die Wohlstand und Fülle anziehen. In die Truhe sollten Sie drei chinesische Münzen legen, denn sie sind traditionelle Symbole des Überflusses.

Alles, was Sie in diese Truhe legen, wird Ihre Wünsche schützen und die Wohlstandsenergien verstärken. Sie sollten diese Truhe an einem besonderen und sicheren Ort aufbewahren, am besten an einem hoch gelegenen Ort, denn so können Sie positive Energien von einer prominenten Stelle aus anziehen.

Vergiss nicht, neue Kleidung zu tragen, denn sie steht für die neuen Energien, die du in dein Leben ziehen willst. Du solltest einige rote Details tragen.

Besonders am Neujahrstag sollten Sie versuchen, sich nicht aufzuregen. Wenn möglich, nehmen Sie sich an diesem Tag frei, damit Sie sich nicht mit dem Verkehr oder anderen Sorgen herumschlagen müssen. Denken Sie daran, auf dem Markt eine Tüte Orangen zu kaufen, denn das symbolisiert den Eintritt von Wohlstand in Ihr Haus im neuen Jahr.

Tipps für das Jahr 2024

Dies ist ein spektakuläres Jahr für Ihr persönliches Wachstum, deshalb sollten Sie die sich bietenden Gelegenheiten nutzen und nicht nur Ihre Fähigkeiten ausbauen, sondern auch neue erlernen.

Alles, was Sie in diesem Jahr 2024 tun, wird eine Investition in Ihre Zukunft sein. Es wird ein sehr arbeitsreiches Jahr sein, aber die Energien sind ermutigend, denn das Jahr des Drachen wird Ihnen die Gelegenheit geben, die Sie brauchen, um erfolgreich zu sein. Um davon zu profitieren, müssen Sie sich jedoch über alle Optionen, die

Ihnen zur Verfügung stehen, beraten lassen und alle Möglichkeiten analysieren.

Sie müssen aufmerksam sein und bereit, sich alle Ratschläge und Hilfen anzuhören. Mit Willenskraft und Initiative werden sich neue Türen für Sie öffnen.

In diesem Jahr des Drachen gibt es viel zu lernen, aber wenn Sie die Herausforderung annehmen, können Sie nicht nur in Ihrem Beruf vorankommen und Ihr Einkommen steigern, sondern auch wertvolle Erfahrungen sammeln.

Im Jahr des Drachen werden Sie sich nicht nur an größeren finanziellen Gewinnen erfreuen, sondern mit Ihrer unternehmerischen Natur auch ein Hobby finden, das Ihnen Wohlbefinden bringt.

Allerdings müssen Sie bei Ihren Ausgaben diszipliniert und sorgfältig haushalten, vor allem, wenn Sie an sehr umfangreichen Transaktionen beteiligt sind.

Wenn Sie im Laufe des Jahres Verträge unterzeichnen oder wichtige Vereinbarungen treffen müssen, sollten Sie die Bedingungen und alle Auswirkungen prüfen.

Um Ihre beste Leistung zu erbringen, sollten Sie einen ausgewogenen Lebensstil pflegen, Sport treiben, Ihren Schlafrhythmus einhalten und sich gesund ernähren. Es wird von Vorteil sein, wenn Sie neue Freunde finden.

Im Jahr des Drachen kann das Leben geheimnisvoll wirken und zufällige Ereignisse anziehen, die Ihnen viele Möglichkeiten eröffnen.

Der Zufall spielt in diesem Jahr eine wichtige Rolle in Ihrem Leben und verändert Ihre wirtschaftliche Situation. Nach Mai wird es eine Menge sozialer Aktivitäten geben, und Sie werden eine Menge Spaß haben können.

Es wird ein lohnendes Jahr, in dem es Entscheidungen zu treffen, Anschaffungen zu tätigen und Vergnügungen zu genießen gilt.

Diejenigen, die einen Partner haben, werden feststellen, dass sie gemeinsam mehr Erfolg haben.

Es ist ein Jahr, in dem die Fähigkeit, Gelegenheiten wahrzunehmen, viele Vorteile bringen wird. Das Jahr des Drachen hat großes Potenzial, also bleiben Sie offen für Gelegenheiten und seien Sie auf Veränderungen und Anpassungen vorbereitet.

Das Jahr des Drachen wird die Unternehmer belohnen.

Am selben Abend, vor dem Jahreswechsel, sollten Sie Ihr Haus reinigen, alle Fenster zum Lüften öffnen und weiße und gelbe Blumen in allen Gemeinschaftsbereichen Ihres Hauses aufstellen. Speziell am Eingang sollten Sie Räucherstäbchen aus Zimt, Sandelholz, Eukalyptus oder Lavendel oder ein Räucherstäbchen aus Palo Santo, weißem Salbei oder Vanille aufstellen.

Sie müssen das Haus gut räuchern. Sahumar ist die Erzeugung von Rauch, in der Regel mit Hilfe von Weihrauch, um die Umgebung zu aromatisieren und als Instrument der Reinigung und Entschlackung zu nutzen.

Ihre Besonderheit ist, dass sie einen angenehmen Duft verströmen, dem eine entspannende Wirkung nachgesagt wird. Viele Menschen verwenden die Sahumerios mit dem Ziel, die energetischen Schwingungen ihrer Wohnung zu verändern.

Wenn Sie eine Räucherung haben, die Sie im ganzen Haus verteilen, denken Sie daran,

kreisende Bewegungen nach rechts zu machen.
Wenn ihr einen persönlichen Bereich reinigen
wollt, solltet ihr mit eurem eigenen Körper
beginnen, von den Füßen bis zum Kopf, und dann
zum Herzen zurückkehren, wobei ihr immer
leichte Kreise macht.

Da dies das Jahr des Hasen ist, ist es ratsam, ein
paar Metall- oder Holzhasen im Haus zu haben,
und wenn Sie die Möglichkeit haben, auch ein
paar Glaskaninchen, da sie das Element des
Jahres repräsentieren: Wasser.

Wenn Sie diese Möglichkeit nicht haben, können
Sie ihn mit Bildern, Porträts oder Figuren
symbolisieren. Betrachten Sie ihn als
Glücksbringer, denn schließlich ist das
Kaninchen bestrebt, den Wohlstand zu sichern.
Er wird viel Reichtum in dein Haus bringen.

Eine weitere Empfehlung für das Jahr 2024 ist,
einige Wände in Ihrer Wohnung himmelblau zu
streichen.

Diese Farbe ist eine der Wohlstandsfarben für
dieses neue Jahr. Seien Sie vorsichtig damit, Ihr

Haus mit Blau vollzustopfen. Sie sollten nie vergessen, dass Ausgewogenheit das Wichtigste ist. Wenn du es mit Blau übertreibst, ziehst du Entmutigung oder Apathie an.

Eine weitere Alternative oder Option ist es, ihn in Form eines Armbands, eines Ohranhängers, eines Pendels, eines Schläfers, eines Rings, eines Schlüsselanhängers oder eines Talismans in der Tasche oder im Portemonnaie zu tragen.

Wenn Sie sowohl das Kaninchen als auch das Wasser haben, wird dies eine Assoziation von Reichtum, Schutz und Glück in Ihrem Leben, Haus oder Büro bilden. Denken Sie immer daran, dass alles von Beständigkeit und Anstrengung begleitet wird. Wenn Sie einige Pflanzen wie Basilikum kaufen können, die eine große Kapazität, um Fülle zu erzeugen, neben seiner Macht zu bewegen und umwandeln schlechte Schwingungen hat, werden Sie es nicht bereuen.

Mit Jasmin wäre eine weitere gute Option, Ihr Haus wird immer duftend und mit guten Schwingungen sein.

Sie sollten frischen Jasmin in Ihrem Haus haben,
wann immer Sie die Möglichkeit dazu haben,
aber das Wichtigste ist, dass er am ersten Tag des
chinesischen Jahres in jeder Ecke Ihres Hauses
steht.

Rituale zum Beginn des chinesischen Neujahrs 2024

 Das chinesische Neujahrsfest sollte mit Freude, Musik und einem üppigen Familienessen begrüßt werden. Es ist eine Zeit, in der man feiert und sich auf Glück und Wohlstand für das kommende Jahr konzentriert.

Sie sollten neue Kleidung **tragen**, denn dies symbolisiert einen Neuanfang.

Eine klangvolle Farbe wie Rot, die im Allgemeinen für Harmonie, Glück und Wohlbefinden steht, eignet sich hervorragend für diesen Tag.

Vermeiden Sie es, Weiß oder Schwarz zu tragen, während Sie auf das neue Jahr warten, da dies die Farben sind, die man normalerweise zu Beerdigungen trägt.

Eine Reinigung als Vorbereitung auf das chinesische Neujahrsfest in Form eines Rituals ist sehr nützlich.

Diese Reinigung soll böse Geister abwehren, die sich vielleicht in den Ecken des Hauses verstecken.

Normalerweise tauschen die Menschen Möbel aus oder stellen sie um, bessern die Farbe in ihrer Wohnung aus, reparieren Schäden und waschen die Fenster mit viel Wasser.

Energetische Rituale zur Reinigung

Noch am selben Abend, bevor das neue Jahr beginnt, sollten Sie Ihr Haus putzen, alle Fenster zum Lüften öffnen und weiße und rote Blumen in allen Gemeinschaftsräumen Ihres Hauses aufstellen.

Speziell am Eingang sollten Sie Zimt, Sandelholz, Eukalyptus oder Lavendel räuchern oder Lorbeerblätter verbrennen. Lorbeer ist eine Pflanze, die die Fähigkeit hat, zu schützen, zu reinigen und zu heilen. Eine weitere Möglichkeit, positive Energien in Ihr Haus zu holen, ist die Kombination von Zimt und Lorbeerblättern. Verbrennen Sie Lorbeerblätter und bestreuen Sie sie mit Zimtpulver. Wenn diese Mischung angezündet ist, verteilen Sie den Rauch in den Räumen Ihres Hauses.

Sie müssen das Haus gut räuchern. Sahumar ist die Erzeugung von Rauch, in der Regel mit Hilfe von Weihrauch, um die Umgebung zu aromatisieren und als Instrument der Reinigung und Entschlackung zu nutzen.

Ihre Besonderheit ist, dass sie einen angenehmen Duft verströmen, dem eine entspannende Wirkung nachgesagt wird.

Viele Menschen verwenden Räucherstäbchen, um die energetischen Schwingungen in ihrem Haus zu verändern.

Wenn Sie ein Räucherstäbchen haben, das Sie im Haus herumreichen, denken Sie daran, kreisende Bewegungen nach rechts zu machen.

Wenn Sie einen persönlichen Bereich reinigen wollen, sollten Sie mit Ihrem eigenen Körper beginnen, von den Füßen bis zum Kopf, und dann zum Herzen zurückkehren, wobei Sie immer leichte Kreise ziehen.

Da dies das Jahr des Grünen Holzdrachen ist, ist es ratsam, ein Paar Holzdrachen in Ihrem Haus zu haben. Wenn Sie diese Möglichkeit nicht haben, können Sie sie mit Bildern, Porträts oder Figuren symbolisieren.

Eine weitere Empfehlung für das Jahr 2024 ist es, einige Wände Ihres Hauses grün zu streichen.

Diese Farbe symbolisiert Wohlstand für dieses Jahr. Übersättigen Sie Ihr Haus nicht mit Grün, denken Sie daran, das Gleichgewicht zu halten. Wenn Sie es mit Grün übertreiben, werden Sie Stress in Ihr Leben ziehen.

Eine Möglichkeit oder Option ist es, es mit Ihnen zu tragen, als Armband, Anhänger Ohrringe, Pendel, Schläfer, auf einem Ring, Schlüsselanhänger oder Talisman in der Tasche oder Handtasche, wird dies eine Assoziation von Reichtum, Schutz und viel Glück in Ihrem Leben, zu Hause oder im Büro zu bilden.

Wenn Sie einige Pflanzen wie Lavendel, Raute oder die Geldpflanze kaufen können, die die Fähigkeit haben, Fülle zu erzeugen, zusätzlich zu ihrer Kraft, schlechte Schwingungen zu vertreiben und umzuwandeln, werden Sie es nicht bereuen.

Da Wasser das Element ist, das das Holz ergänzt, wird ein Wasserbrunnen am Eingang Ihres Hauses Wohlstand anziehen. Vergessen Sie nicht, dass das Wasser nach innen fließen sollte.

 Wenn Sie einen Wasserbrunnen in den Wohlstandsbereich Ihres Hauses stellen, der sich von der Eingangstür aus gesehen auf der linken Seite hinten befindet, werden Sie viele materielle Vorteile haben.

Zusammen mit Grün ist Rot die Glücksfarbe für das Jahr 2024, du solltest sie in deinem Haus verwenden, um die Energien des Glücks zu aktivieren. Sie können Rot auf Ihrer Kleidung tragen, oder mit einem anderen Kleidungsstück wie einem Schal, einer Mütze oder einem Armband, so dass Sie Geld anziehen können.

Das chinesische Neujahrsfest sollte mit Freude, Musik und einem üppigen Familienessen begrüßt werden. Es ist eine Zeit des Feierns, in der man sich auf Glück und Wohlstand für das kommende Jahr konzentriert. **Man sollte** neue Kleidung tragen, denn sie symbolisiert einen Neuanfang.

Eine klangvolle Farbe wie Rot, die im Allgemeinen für Harmonie, Glück und Wohlbefinden steht, eignet sich hervorragend für diesen Tag.

Vermeiden Sie es, Weiß oder Schwarz zu tragen, während Sie auf das neue Jahr warten, da dies die Farben sind, die man normalerweise zu Beerdigungen trägt.

Eine Reinigung als Vorbereitung auf das chinesische Neujahrsfest in Form eines Rituals ist sehr nützlich. Diese Reinigung soll böse Geister abwehren, die sich vielleicht in den Ecken des Hauses verstecken.

Normalerweise tauschen die Menschen Möbel aus oder stellen sie um, bessern die Farbe in ihrer Wohnung aus, reparieren Schäden und waschen die Fenster mit viel Wasser.

Über den Autor

Zusätzlich zu ihrem astrologischen Wissen verfügt Alina Rubí über eine reichhaltige berufliche Ausbildung; Sie hat Zertifizierungen in Psychologie, Hypnose, Reiki, Bioenergetischer Kristallheilung, Engelsheilung, Traumdeutung und ist spirituelle Lehrerin. Sie verfügt über Kenntnisse der Gemmologie, die sie nutzt, um Steine oder Mineralien in mächtige Amulette oder Talismane des Schutzes zu programmieren.

Rubi hat einen praktischen und zielgerichteten Charakter, der es ihm ermöglicht hat, eine besondere und integrierende Vision von mehreren Welten zu haben und Lösungen für spezifische Probleme zu erleichtern. Alina schreibt die Monatshoroskope für die Website der American Assoziation oft Astrologe; Sie können sie auf der Website www.astrologers.com nachlesen. Jetzt schreibt er eine wöchentliche Kolumne in der Zeitung El Nuevo Herald zu spirituellen Themen, die jeden Freitag in digitaler

Form und montags in gedruckter Form erscheint.
Er hat auch eine Sendung und das
Wochenhoroskop auf dem YouTube-Kanal dieser
Zeitung. Sein astrologisches Jahrbuch erscheint
jedes Jahr in der Zeitung "Diario las Américas"
unter der Rubrik Rubí Astrologa.

Ruby hat mehrere Artikel über Astrologie für die
monatliche Publikation "Today's Astrology"
verfasst und Kurse in Astrologie, Tarot,
Handlesen, Kristallheilung und Esoterik gegeben.
Er hat ein wöchentliches Video zu Astrologie-
Themen auf dem YouTube-Kanal von Nuevo
Herald. Sie hatte ihre eigene Astrologie-Sendung,
die täglich über Flamingo TV ausgestrahlt wurde,
wurde von mehreren Fernseh- und
Radioprogrammen interviewt, und jedes Jahr
wird ihr "Astrologisches Jahrbuch" mit dem
Horoskop und anderen interessanten mystischen
Themen veröffentlicht.

Sie ist Autorin der Bücher "Reis und Bohnen für
die Seele" Teil I, II und III, eine
Zusammenstellung von esoterischen Artikeln, die

auf Englisch und Spanisch veröffentlicht wurden, "Geld für alle Taschen", "Liebe für alle Herzen", "Gesundheit für alle Körper", Astrologisches Jahrbuch 2021, Horoskop 2022, Rituale und Zaubersprüche für den Erfolg im Jahr 2022, Zaubersprüche und Geheimnisse, Astrologie, Die Kurse "Rituale & Amulette" 2024 und "Chinesisches Horoskop 2024" sind in sieben Sprachen verfügbar.

Er hat seinen YouTube-Kanal mit Themen wie Psychologie, Esoterik und Astrologie, auf dem Sie Videos über Seelenverwandte, Reinkarnation, Körpersprache, Astralreisen, den bösen Blick, Zaubersprüche und viele weitere Themen genießen können.

Rubi spricht perfekt Englisch und Spanisch und kombiniert all ihre Talente und ihr Wissen in ihren Lesungen. Derzeit lebt er in Miami, Florida.

Weitere Informationen finden Sie auf der Website www.esoterismomagia.com.

Angeline A. Rubí ist die Tochter von Alina Rubí. Seit ihrer Kindheit interessierte sie sich für alle esoterischen Themen und praktiziert seit ihrem vierten Lebensjahr Astrologie und Kabbala. Er verfügt über Kenntnisse in Tarot, Reiki und Gemmologie. Sie ist nicht nur die Autorin, sondern auch die Herausgeberin aller Bücher, die von ihr und ihrer Mutter veröffentlicht wurden.

Für weitere Informationen können Sie sie per E-Mail kontaktieren: rubiediciones29@gmail.com